Sekundarstufe

Eckhard Berger

Vertretungsstunden Kunst

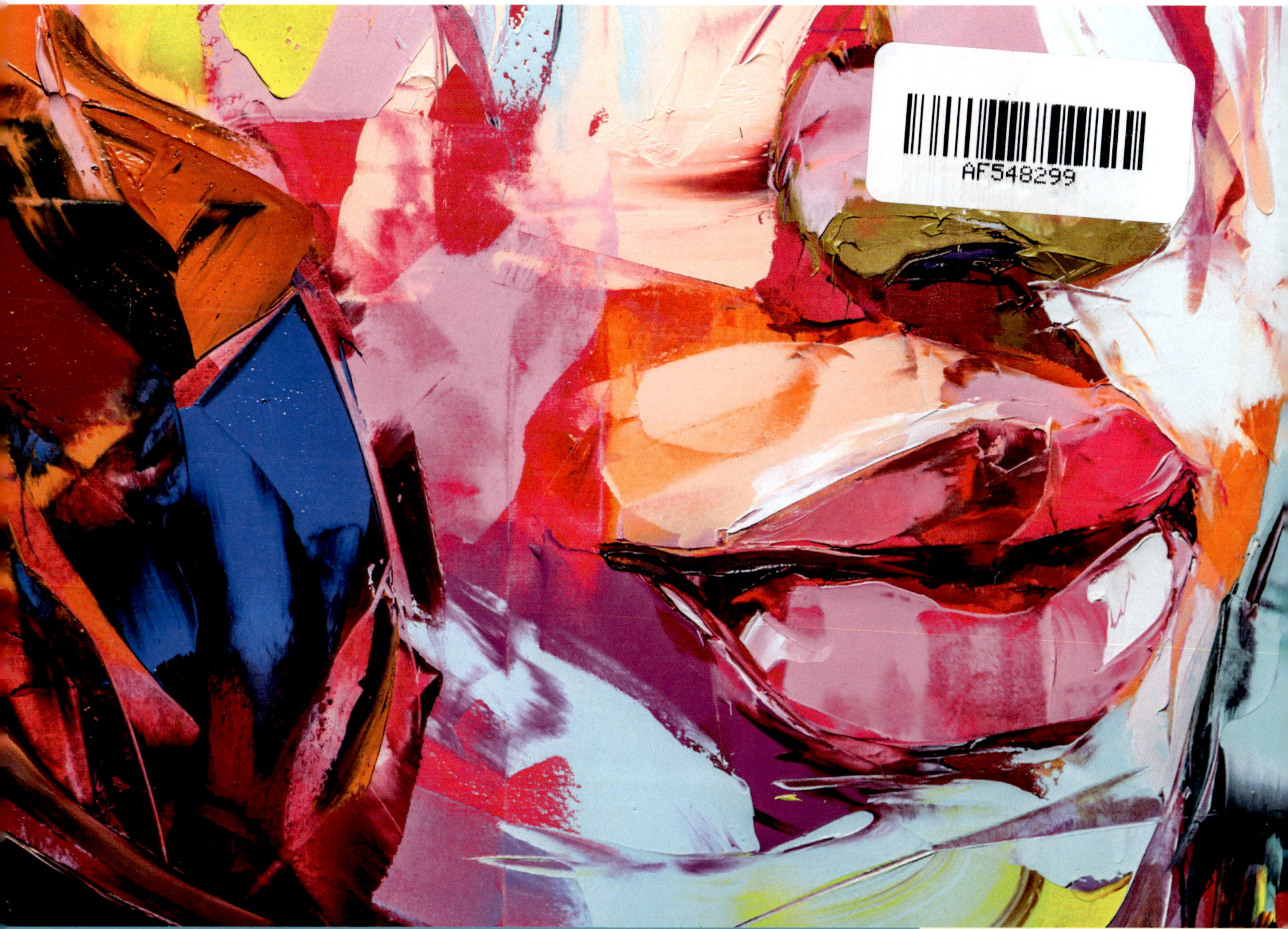

- Sinnvolle Einheiten
- Auch für fachfremd Unterrichtende bestens geeignet!

www.kohlverlag.de

Vertretungsstunden Kunst / Sekundarstufe

Sinnvolle Einheiten für fachfremd Unterrichtende

2. Auflage 2023

Idee & Text: Eckhard Berger
Coverbild: © Engin Korkmaz - AdobeStock.com
Grafische Gestaltung: Eckhard & Barbara Berger
Fotos: Archiv Teamberger, Barbara Berger, Adrian Berger & AdobeStock.com
Redaktion: Kohl-Verlag
Satz: Kohl-Verlag
Druck: farbo prepress GmbH, Köln

Bestell-Nr. 12 568

ISBN: 978-3-96624-281-3

Der vorliegende Band ist eine Print-Einzellizenz

Sie wollen unsere Kopiervorlagen auch digital nutzen? Kein Problem – fast das gesamte KOHL-Sortiment ist auch sofort als PDF-Download erhältlich! Wir haben verschiedene Lizenzmodelle zur Auswahl:

	Print-Version	PDF-Einzellizenz	PDF-Schullizenz	Kombipaket Print & PDF-Einzellizenz	Kombipaket Print & PDF-Schullizenz
Unbefristete Nutzung der Materialien	x	x	x	x	x
Vervielfältigung, Weitergabe und Einsatz der Materialien im eigenen Unterricht	x	x	x	x	x
Nutzung der Materialien durch alle Lehrkräfte des Kollegiums an der lizensierten Schule			x		x
Einstellen des Materials im Intranet oder Schulserver der Institution			x		x

Die erweiterten Lizenzmodelle zu diesem Titel sind jederzeit im Online-Shop unter www.kohlverlag.de erhältlich.

Inhalt

Vertretungsstunden KUNST / SEKUNDARSTUFE
Sinnvolle Einheiten für fachfremd Unterrichtende – Bestell-Nr. 12 568
KOHL VERLAG

Inhalt

Vorwort und Anleitung

Liebe Kolleginnen und Kollegen,

mit dem Lehr- und Lernwerk **Vertretungsstunden Kunst** möchte ich Sie gleichermaßen als Fachlehrkraft und fachfremde Lehrkraft ansprechen. Mit einer kompetenzorientierten Sammlung von modernen, sinnvollen und kreativen Aufgaben wird es Ihre Arbeit optimal und gezielt für einen erfolgreich qualifizierten und qualifizierenden Vertretungsunterricht unterstützen.

Alle Aufgaben, orientiert an den aktuellen Standards, Bildungs- und Lehrplänen, sind für den spontan (last minute) oder langfristig angekündigten Vertretungseinsatz in jeder Unterrichtsform und -gruppe innovativ und effizient konzipiert. Sie sind in der alltäglichen Praxis erprobt worden und haben sich bewährt.

Liebe Kolleginnen und Kollegen, Sie müssen in **Vertretungsstunden Kunst** nicht mehr einen Ballast an umfangreichen Texten vor der Unterrichtspraxis durcharbeiten, sodass Sie Ihre wertvolle Zeit für andere wichtige Tätigkeiten sparen. Alle Arbeitsblätter können ohne einen Vorbereitungsaufwand sofort und direkt eingesetzt werden.

Die Aufgaben in **Vertretungsstunden Kunst** haben gemeinsame Grundmerkmale:
- starke Neugier- und Motivationsreize durch besondere Themen und Aufgabenstellungen und kreativen Freiraum
- Integration der Erfahrungs- und Erlebniswelt der Schülerinnen und Schüler
- sinnvolle Vertiefung und Fortsetzung bereits begonnener Lernprozesse und Initialisierung sehr schneller, neuer Kompetenzzuwächse
- Bearbeitungsdauer bei einem durchschnittlichen Tempo 1 oder 2 Unterrichtsstunden
- Erweiterungsempfehlungen für mögliche nachfolgende Vertretungsstunden
- Durchführbarkeit nicht nur im Kunstraum, sondern in jedem weiteren Schulraum mit passender Größe und Ausstattung
- Einsatz von vorhandenen Standardarbeitsmitteln und -materialien, zum Beispiel Farbstifte, Pinsel und Tuschfarben
- eindeutige, detaillierte Schritt-für-Schritt-Anleitung mit ausreichenden Kurzinformationen für Schülerinnen und Schüler
- verständliches Zeichensystem zur schnellen Orientierung vor den Aufgabentexten und bedarfsgerecht weitere extra Tipps

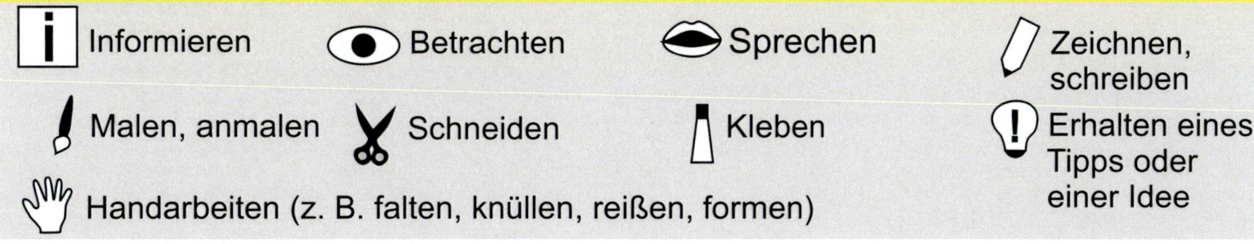

Liebe Kolleginnen und Kollegen, bei Bedarf unterstützt Sie der Kunstnavigator. Jeder Aufgabe sind eine allgemeine Niveaustufe, Schwerpunktkompetenzen und eine Erweiterungsmöglichkeit bei zusätzlich vorhandener Zeit oder Anschluss weiterer Vertretungsstunden zugeteilt. Alle Aufgaben sind wie im Inhaltsverzeichnis übersichtlich in einzelne Jahrgangsblöcke und übergreifend für die gesamte Schulstufe geordnet.

Ich wünsche Ihnen und Ihren Schülerinnen und Schülern viel Spaß, Begeisterung und Erfolg in den Vertretungsstunden mit **Vertretungsstunden Kunst**.

Mehr Informationen, Empfehlungen und Tipps: *www.kohlverlag.de* und *www.teamberger.de*

Vertretungsstunden KUNST / SEKUNDARSTUFE – Bestell-Nr. 12 568
Sinnvolle Einheiten für fachfremd Unterrichtende

Kunstnavigator

Aufgaben	Niveaustufe[1)]	Kompetenz[2)]	Erweiterung [3)]
5., 6. und 7. Jahrgang			
- Gummiringe	★★	Farbe, Ordnung	Ergänzung weiterer Gummiringe
- Fantastisch bunte Streifen	★/★★	Farbe, Linie	Farbliche Gestaltung der weißen Zebrastreifen
- Badeplatz	★	Punkt, Farbe, Pointillismus	Ergänzung einer weiteren Person
- Linienwald	★	Linie, Form	Ergänzung eines Himmels mit Sonne und Wolken
- Linienblumen auf der Wiese	★★	Linie, Form	Anmalen der geschlossenen Flächen
- Liniengegenstände im Regal	★★/★★★	Linie, Form	Anmalen der geschlossenen Flächen
- Kritzelkunst schreiben	★★	Linie, Schrift, Form, Farbe	Gestaltung weiterer Blätter mit Kritzelkunst
- Wolkenwerke	★★	Fläche, Form, Wahrnehmung	Gestaltung von Mustern in den Flächen
- Pommes frites	★★/★★★	Form, Position, Ordnung	Anmalen der Pommes frites
- Deine Segelyacht	★★	Fläche, Gestaltung	Mustergestaltung in den Großsegeln
- Raum einrichten	★	Farbe, Raum	Farbgestaltung der Wand
- Holzkonstruktion 1	★★★	Raum, Perspektive, Wahrnehmung	Ankleben eines Papierblattes links und Fortsetzung der Konstruktion
- Holzkonstruktion 2	★★★	Raum, Perspektive, Wahrnehmung,	Ankleben eines Papierblattes rechts und Fortsetzung der Konstruktion
- Super Zebra-Cap	★★	Linie, Design	Gestaltung eines weiteren Kleidungsstückes mit dem Muster
- Totempfahl	★★★	Linie, Fläche, Gestaltung	Ankleben eines Papierblattes unten und Fortsetzung des Totempfahls
- Kühe in der Tapete	★★/★★★	Fläche, Wahrnehmung	Ankleben eines Papierblattes und Fortsetzung der Tapete
- Zebras in der Tapete	★★	Fläche, Wahrnehmung	Ankleben eines Papierblattes und Fortsetzung der Tapete
- Natürliches Obst in der richtigen Größe	★★	Proportion, Wahrnehmung	Ankleben eines Papierblattes rechts und Darstellung einer Kiste mit vielen Obstsorten
- Die große Schweinerei	★★/★★★	Wahrnehmung, Form	Farbliche Gestaltung alle Schweine
- Schneller Schnipselfinder	★★	Wahrnehmung, Form, Farbe	Herstellung und Abzeichnen von Schnipseln
8., 9. und 10. Jahrgang			
- Kritzelkunst zeichnen	★	Linie, freie Form	Ankleben eines Papierblattes unten und Fortsetzung der Kritzelkunst
- Buntkabel	★★★	Linie, Form, Farbe	Ankleben eines Papierblattes rechts und Fortsetzung der Kabel
- Zebrakunst	★★★	Linie, Form, Wahrnehmung	Anmalen der weißen Zebrastreifen
- Wartende Personen	★★/★★★	Form, Differenzierung	Unten Gegenstände ergänzen
- Holzkonstruktion	★★/★★★	Raum, Perspektive, Wahrnehmung	Ankleben eines Papierblattes links und Fortsetzung der Konstruktion
- Knäuelmodel	★★/★★★	Plastizität, Wahrnehmung	Verstärkung der Plastizität mit hellen und dunklen Bleistiftschraffuren
- Hoppla! Hier ist etwas passiert!	★★	Perspektive, Wahrnehmung	Verzerrte Darstellung eines weiteren Möbels auf einem Papierblatt
- Durchsichtiger Karton	★★	Wahrnehmung, Perspektive	Erweiterung des Kartoninhaltes
- Birnenexplosion	★★★	Wahrnehmung, Perspektive	Anmalen des Inhaltes
- Smartphone mit Perspektive	★★/★★★	Wahrnehmung, Perspektive	Darstellung eines Gegenstandes in einer anderen Smartphoneposition
- Super Pfauen-T-Shirt	★★/★★★	Form, Design	Gestaltung eines weiteren Kleidungsstückes mit dem Muster
- Super Schnecken-Hoodie	★★/★★★	Form, Design	Gestaltung eines weiteren Kleidungsstückes mit dem Muster
- Gemüse und Obst sind gesund	★★★	Farbe, Form, Wahrnehmung	Darstellung eines weiteren Kreisausschnittes auf einem Blatt Papier
- Bildgeheimnis 1	★★/★★★	Abstraktion, Wahrnehmung	Anmalen des Inhalts in der vorgegebenen Farbigkeit
- Bildgeheimnis 2	★★/★★★	Abstraktion, Wahrnehmung	Anmalen des Inhalts in der vorgegebenen Farbigkeit
- Bildgeheimnis 3	★★/★★★	Abstraktion, Wahrnehmung	Anmalen des Inhalts in der vorgegebenen Farbigkeit
- Buntstifte oben und unten	★★	Wahrnehmung, Raum	Ergänzung weiterer Buntstifte
- Eis schmeckt so lecker	★★	Wahnehmung, Vorgang	Darstellung von mehr Zwischenschritten des Eisverzehrs
- Handzeichen 1	★/★★	Zeichen, Inhalt	Zeichnen eines weiteren Inhalts in Beziehung zum Zeichen
- Handzeichen 2	★/★★	Zeichen, Inhalt	Zeichnen eines weiteren Inhalts in Beziehung zum Zeichen
- Handzeichen 3	★/★★	Zeichen, Inhalt	Zeichnen eines weiteren Inhalts in Beziehung zum Zeichen

Aufgaben	Niveaustufe[1]	Kompetenz[2]	Erweiterung [3]
5., 6., 7., 8., 9. und 10. Jahrgang			
- Punktemeisterwerk	★/★★	Wahrnehmung, Form, Farbe, Transparenz	Zeichnen eines freien Punktebildes
- Volltreffer	★/★★	Linie, Fläche	Darstellung einer zerbrochenen Scheibe mit Glasscherben
- Transparentes Linienkunstwerk	★	Wahrnehmung, Linie, Transparenz	Ergänzung weiterer Linien
- Mosaikmeisterwerk	★★	Fläche, Wahrnehmung	Gestaltung eines Mosaikbildes aus unterschiedlich eckigen Papierteilen
- Überraschungspaket	★★	Raum, Perspektive	Ergänzung eines weiteren Inhalts
- Henna	★★/★★★	Design, Muster	Mustergestaltung auf der eigenen Hand mit Hautfarben
- Nail Art	★★	Design, Punkt, Linie	Gestaltung weiterer Vorlagen für Fingernägel auf einem Blatt Papier
- Coolster Schuh	★/★★	Design	Gestaltung eines weiteren Funktionsschuhes
- Zeichenimpulse	★/★★	Umgestaltung	Zeichnen weiterer Lösungsmöglichkeiten auf einem Blatt Papier
- Tassengesichter	★	Skizze, Karikatur	Tassengestaltung mit wasserfesten Farben
- Kritzelzettel	★	Linie, Stimmungsausdruck	Kritzeln auf weiteren Papierblättern
- Meine wichtigsten Termine	★	Skizzieren, Schrift	Themenfortsetzung auf einem Blatt Papier
- Jogger 1	★★★	Umriss, Wahrnehmung, Kopie	Ergänzung von ein oder zwei Joggern
- Jogger 2	★★★	Wahrnehmung, Kopie, Vergrößerung, Differenzierung	Ergänzung eines Joggers an der linken oder rechten Seite
- Kaputtes Bild 1	★★★	Wahrnehmung, Kopie	Kopieren eines beliebigen Ausschnittes eines Fotos
- Kaputtes Bild 2	★★★	Wahrnehmung, Kopie	Kopieren eines beliebigen Ausschnittes eines Fotos
- Kaputtes Bild 3	★★★	Wahrnehmung, Kopie	Kopieren eines beliebigen Ausschnittes eines Fotos
- Durch das Fenster	★★/★★★	Wahrnehmung, Kopie	Zeichnen eines Sprossenfensters mit einer Landschaft draußen
- Landschaftsbild	★★	Weitergestaltung	Weitergestaltung von Fotos
- Lärmbild	★★	Wahrnehmung	Gestaltung eines abstrakten Lärmbildes
- Ein Buch, das ich gerne gelesen habe	★★	Wahrnehmung	Gestaltung einer weiteren Buchszene
- Brillenblick	★★	Wahrnehmung, Weitergestaltung	Entwurf eines Brillenmodells mit Blickrichtung auf ein beliebiges Motiv
- Herzenswünsche	★/★★	Wahrnehmung	Gestaltung einer Tapetenfläche mit Herzenswünschen als Gruppenarbeit
- Stillleben 1	★★/★★★	Komposition, Ordnung, Form	Ergänzung weiterer Obstteile
- Stillleben 2	★★/★★★	Komposition, Ordnung, Form	Ergänzung weiterer alltäglicher Gegenstände

1) ★ Grundlegendes Niveau
★★ Mittleres Niveau
★★★ Erweitertes Niveau

2) Schwerpunktkompetenz

3) Empfehlung zur Erweiterung und Vertiefung

Vertretungsstunden KUNST / SEKUNDARSTUFE – Bestell-Nr. 12 568
Sinnvolle Einheiten für fachfremd Unterrichtende

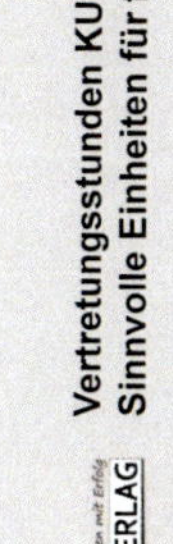

Gummiringe

 Male die Gummiringe in vielen kräftigen Farben an, sodass deutliche Kontraste entstehen.

Fantastisch bunte Streifen

Stelle dir einmal vor, es gibt nicht nur Zebras mit schwarzen, sondern auch mit bunten Streifen.
Zeichne dem Zebra auch bunte Streifen.

KOHL VERLAG
Vertretungsstunden KUNST / SEKUNDARSTUFE
Sinnvolle Einheiten für fachfremd Unterrichtende – Bestell-Nr. 12 568

Badeplatz

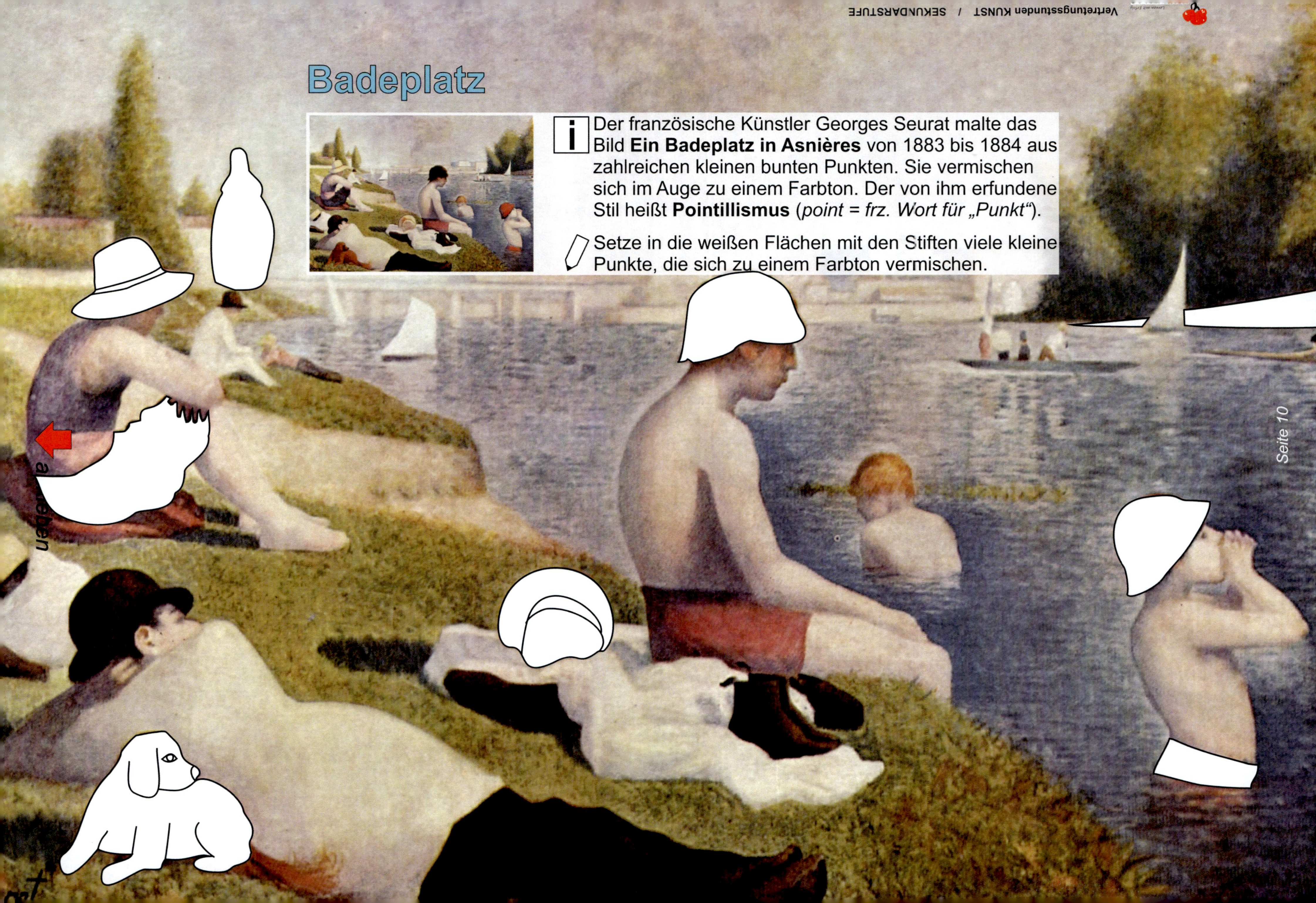

Der französische Künstler Georges Seurat malte das Bild **Ein Badeplatz in Asnières** von 1883 bis 1884 aus zahlreichen kleinen bunten Punkten. Sie vermischen sich im Auge zu einem Farbton. Der von ihm erfundene Stil heißt **Pointillismus** (*point = frz. Wort für „Punkt“*).

Setze in die weißen Flächen mit den Stiften viele kleine Punkte, die sich zu einem Farbton vermischen.

Linienwald

Zeichne Bäume und Büsche mit einer Linie neben- und hintereinander, ohne dabei den Stift abzusetzen. So entsteht ein Linienwald. Verwende dazu die Farbstifte.

Linienblumen auf der Wiese

Zeichne viele verschiedene kleine und große Blumen auf die Wiese mit einer Linie, ohne dabei den Stift abzusetzen. Sie dürfen sich überschneiden. Verwende dazu die Farbstifte.

Liniengegenstände im Regal

Zeichne sehr viele verschiedene Alltagsgegenstände in das Regal mit einer Linie, ohne dabei den Stift abzusetzen. Verwende dazu die Farbstifte.

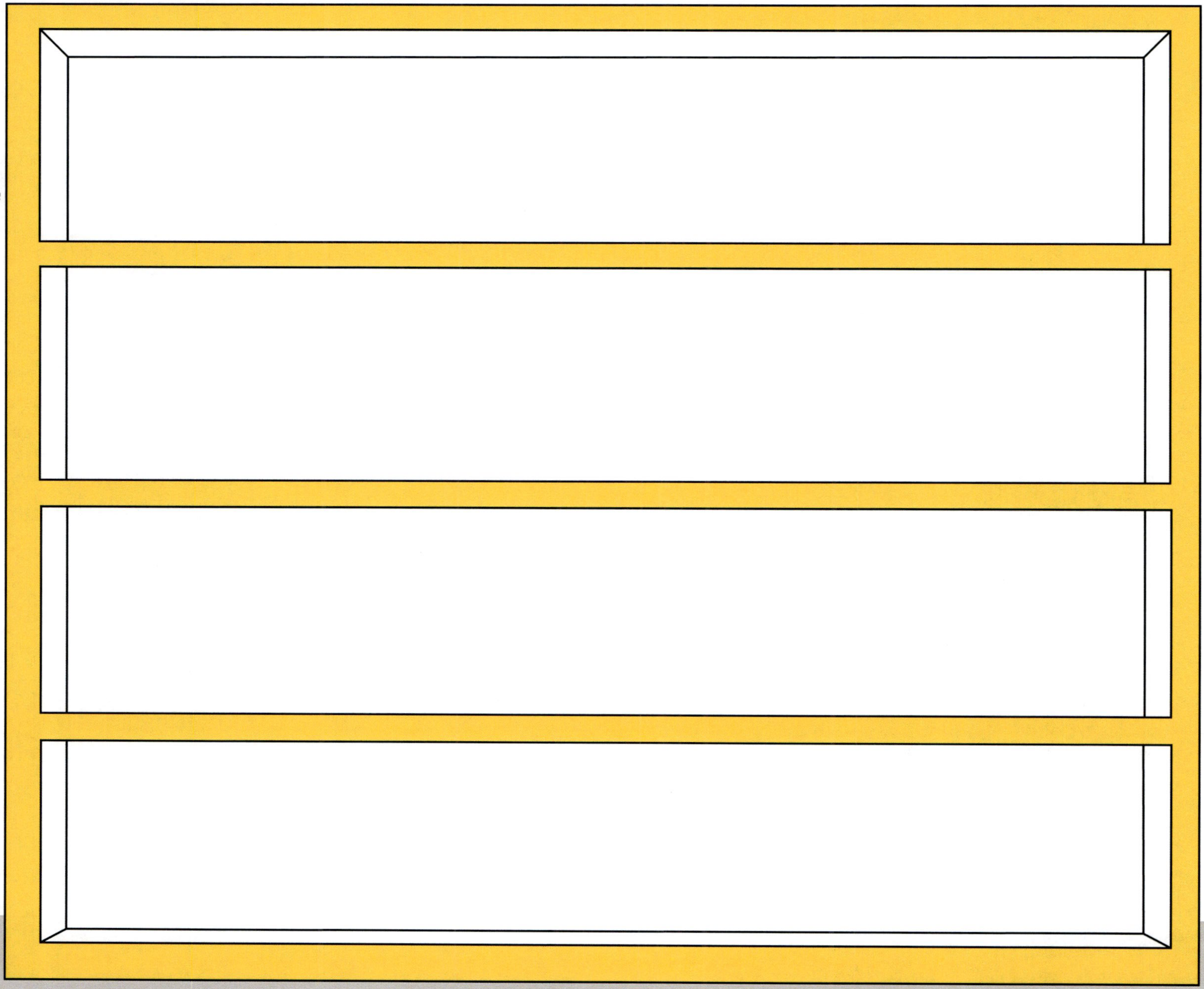

KOHL VERLAG Vertretungsstunden KUNST / SEKUNDARSTUFE
Sinnvolle Einheiten für fachfremd Unterrichtende – Bestell-Nr. 12 568

ankleben

Wolkenwerke

Umfahre auf den Konturen ein paar Wolken oder Teile davon mit einem Bleistift wie in dem Beispiel. Male die Wolken und Wolkenteile bunt an.

Pommes frites

Pommes frites gibt es weltweit. Es sind frittierte Stäbchen aus Kartoffeln. Sicherlich wirst du bei einem großen Hunger nur von einer vollständig gefüllten Schale mit den leckeren goldgelben Pommes frites satt.

Zeichne sie weiter. Guten Appetit!

KOHL VERLAG Lernen mit Erfolg
Vertretungsstunden KUNST / SEKUNDARSTUFE
Sinnvolle Einheiten für fachfremd Unterrichtende – Bestell-Nr. 12 568

Deine Segelyacht

Der Umriss gehört zu einer der im Foto abgebildeten Yachten. Entdecke sie und stelle dir vor, dass du ihr stolzer Besitzer bist.

Zeichne sie mit möglichst vielen Einzelheiten in den Umriss. Verwende den Bleistift.

Raum einrichten

Richte das Wohnzimmer weiter ein, indem du das Sofa und den Fußboden anmalst und ein Bild für die Wand gestaltest.

Holzkonstruktion

Zeichne die Holzkonstruktion in der richtigen Perspektive bis zum Rand des Arbeitsblattes weiter. Benutze den Bleistift und das Lineal oder das Geodreieck.

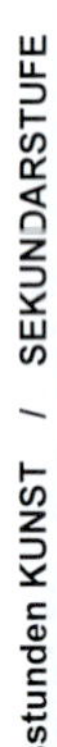

Holzkonstruktion

Zeichne die Holzkonstruktion in der richtigen Perspektive bis zum Rand des Arbeitsblattes weiter. Benutze den Bleistift und das Lineal oder das Geodreieck.

Super Zebra-Cap

Das Muster findest du im Fell eines Zebras.
Designe das Cap mit dem Muster weiter.
Benutze einen Bleistift oder schwarze Stifte.

Totempfahl

EinTotempfahl ist eine aus einem Baumstamm geschnitzte und bemalte Plastik. Die Hälften der Vorder- und Hinterseite sind symmetrisch zueinander gestaltet. Totempfähle kamen häufig bei den nordamerikanischen Indianern vor.

Gestalte den Totempfahl fantasievoll weiter und male ihn farbig an.

Kühe in der Tapete

Entdecke die zwei Kühe im Muster.
Zeichne ihren Umriss nach und male den drei Kühen schwarze Flecken .

Zebras in der Tapete

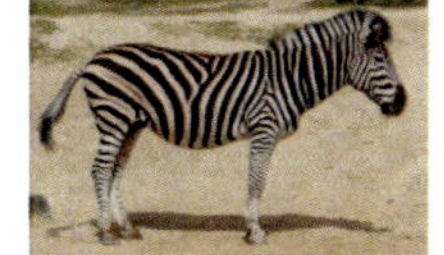

Entdecke die zwei Zebras.
Zeichne ihren Umriss nach und male allen Zebras schwarze Streifen ▌▌▌.

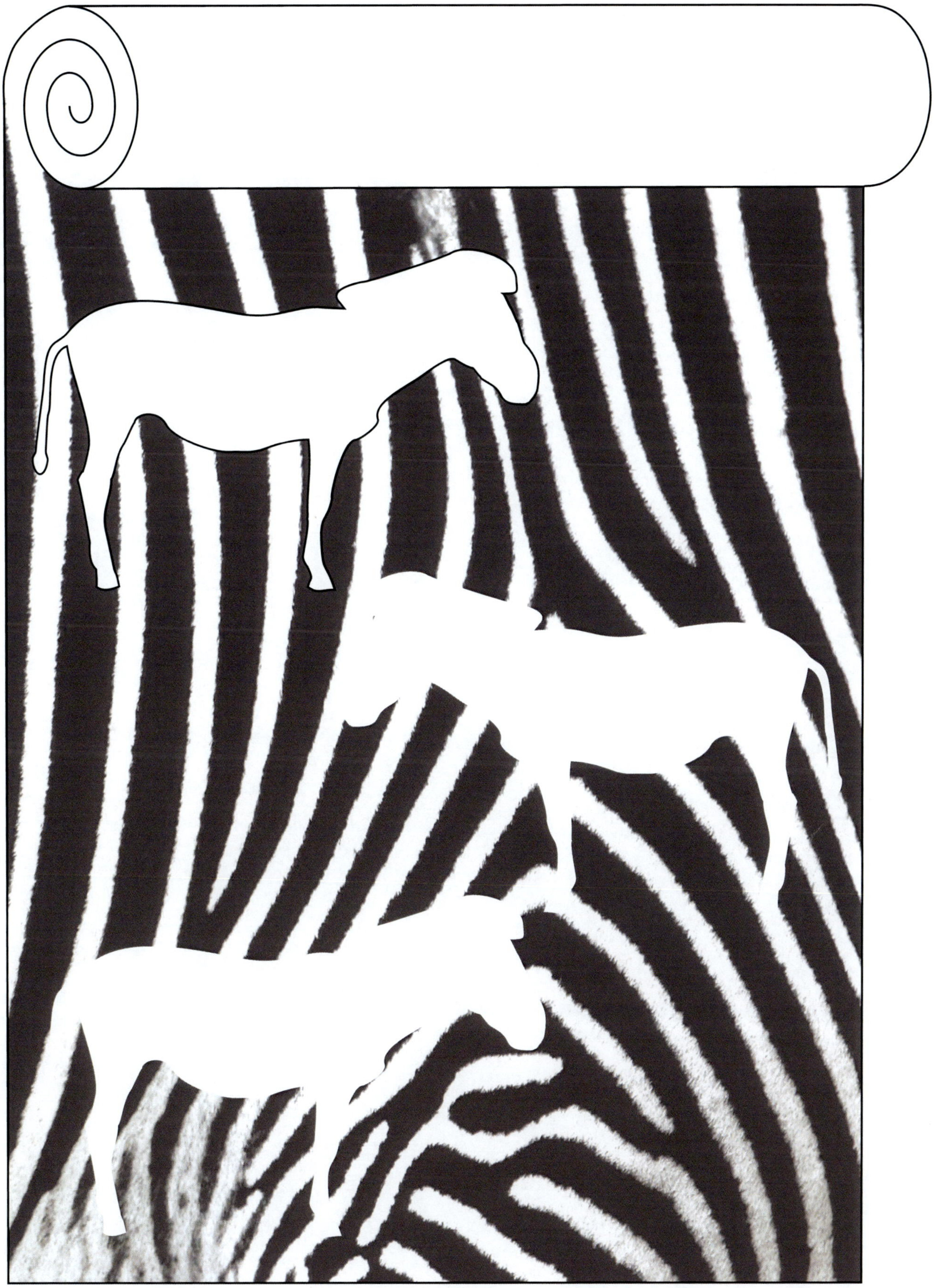

Vertretungsstunden KUNST / SEKUNDARSTUFE
Sinnvolle Einheiten für fachfremd Unterrichtende – Bestell-Nr. 12 568
KOHL VERLAG

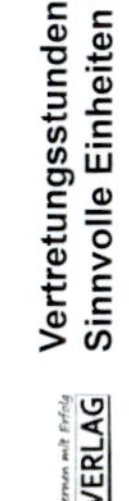

Natürliches Obst in der richtigen Größe

Schaue dir den Inhalt in den Kisten sehr genau an. Sicherlich wirst du schnell feststellen, dass das Obst in zwei Kisten viel zu groß und in einer viel zu klein dargestellt ist. In einer Kiste ist gar kein Obst zu sehen.

- Zeichne etwas von dem Obst in der richtigen Größe in die drei Kisten.
- Kreuze die Kiste an, in der kein Obst enthalten ist.

Die große Schweinerei

- Klebe unten ein Blatt Papier an, zeichne danach das Schwein auf der Strichlinie nach und merke dir seinen Umriss.
- Danach schließt du deine Augen fest und zeichnest es mehrmals unten und auf dem angeklebten Blatt Papier mit einem dunklen Stift nach.
- Bei dem Schwein, das du am besten abgebildet hast, ergänze noch Einzelheiten und male es an.

Schneller Schnipselfinder

Um ein schneller Schnipselfinder zu werden, musst du dir zuerst das Schnipselbild genau anschauen.

- Finde dann heraus, welcher der folgenden Ausschnitte nicht in das Bild passt.
- Male möglichst viele Schnipsel in dem richtigen Ausschnitt in verschiedenen Farben an.

Kritzelkunst zeichnen

Zeichne rechts die Kritzelkunst in dem abgebildeten oder aber in deinem eigenen Stil weiter. Verwende dazu einen dünnen schwarzen Stift.

ankleben

Buntkabel

- Betrachte die ineinander verwickelten bunten Kabel.
- Fertige darunter eine Zeichnung mit ähnlich verwickelten bunten Kabeln an.

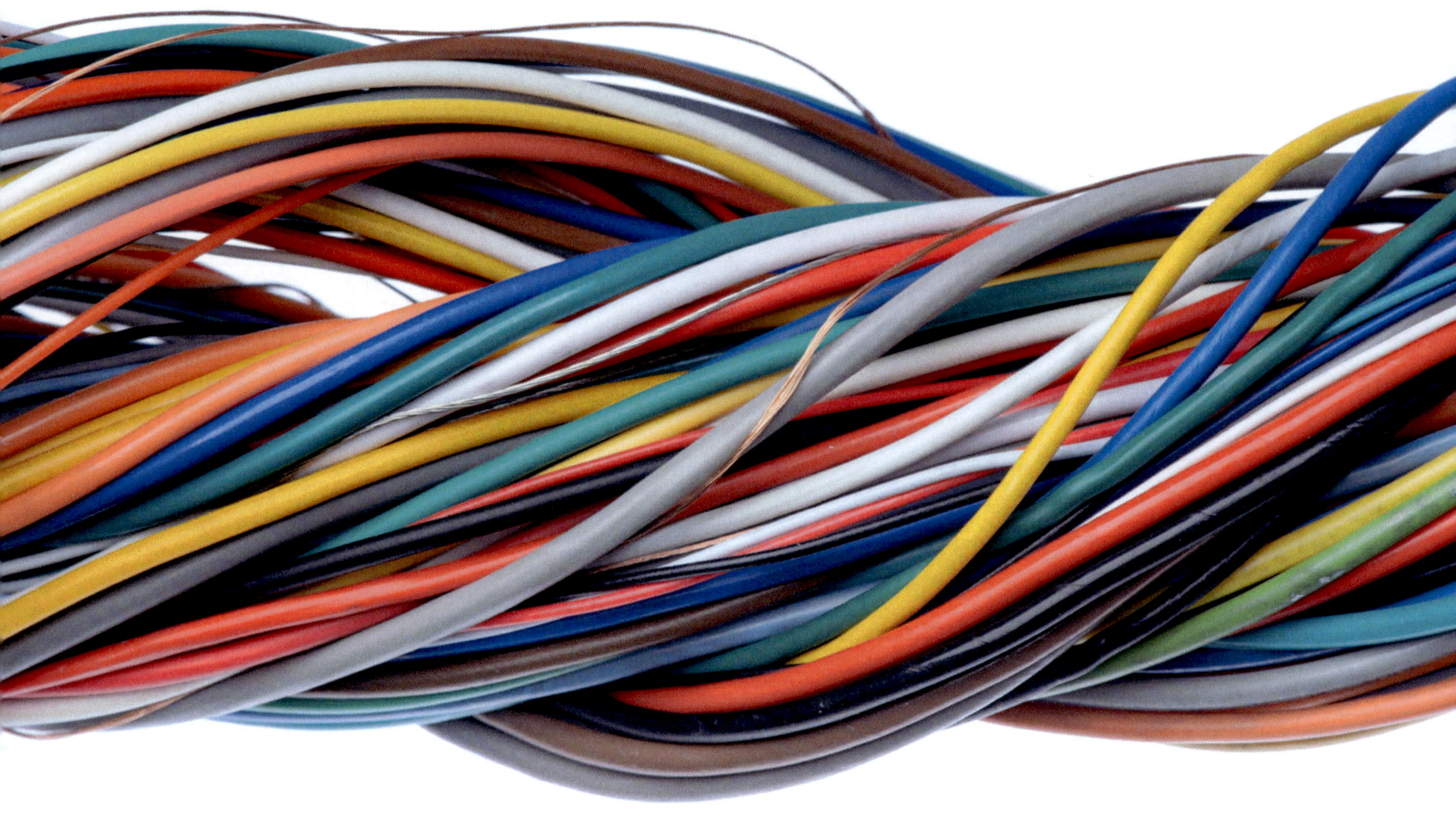

Zebrakunst

Zeichne das Zebramotiv auf der Tapete im Rahmen mit dem schwarzen Stift weiter.

Auf den Bus warten

Zeichne in die Umrisse, wie die Personen aussehen.

Holzkonstruktion

Zeichne die Holzkonstruktion in der richtigen Perspektive bis zum Rand des Arbeitsblattes weiter. Benutze den Bleistift und das Geodreieck.

KOHL VERLAG
Vertretungsstunden KUNST / SEKUNDARSTUFE

Knäuelmodell

Ein Papierknäuel entsteht durch wiederholtes Drücken, Knicken, Falten und Formen.

Zeichne die Knicke und Falten in den großen Umriss des Knäuelmodells. Benutze dazu einen Bleistift oder einen dunklen Farbstift.

Um sehr genau zu arbeiten, darfst du ein Lineal benutzen.

Hoppla! Hier ist etwas passiert!

- Beschreibe, was mit dem Sofa passiert ist.
- Klebe unten ein Papierblatt an.
- Stelle das Sofa richtig dar.

ankleben

Durchsichtiger Karton

- Schaue dir die Kartons an und wähle einen Karton aus.
- Stelle ihn durchsichtig dar, indem du sein Schrägbild auf den unteren Teil des Blattes zeichnest.
- Zeichne dann einen beliebigen Gegenstand hinein.

Birnenexplosion

In viele kleine Teile explodiert die Glühbirne.

Zeichne den Vorgang nach rechts mit dem Bleistift weiter.

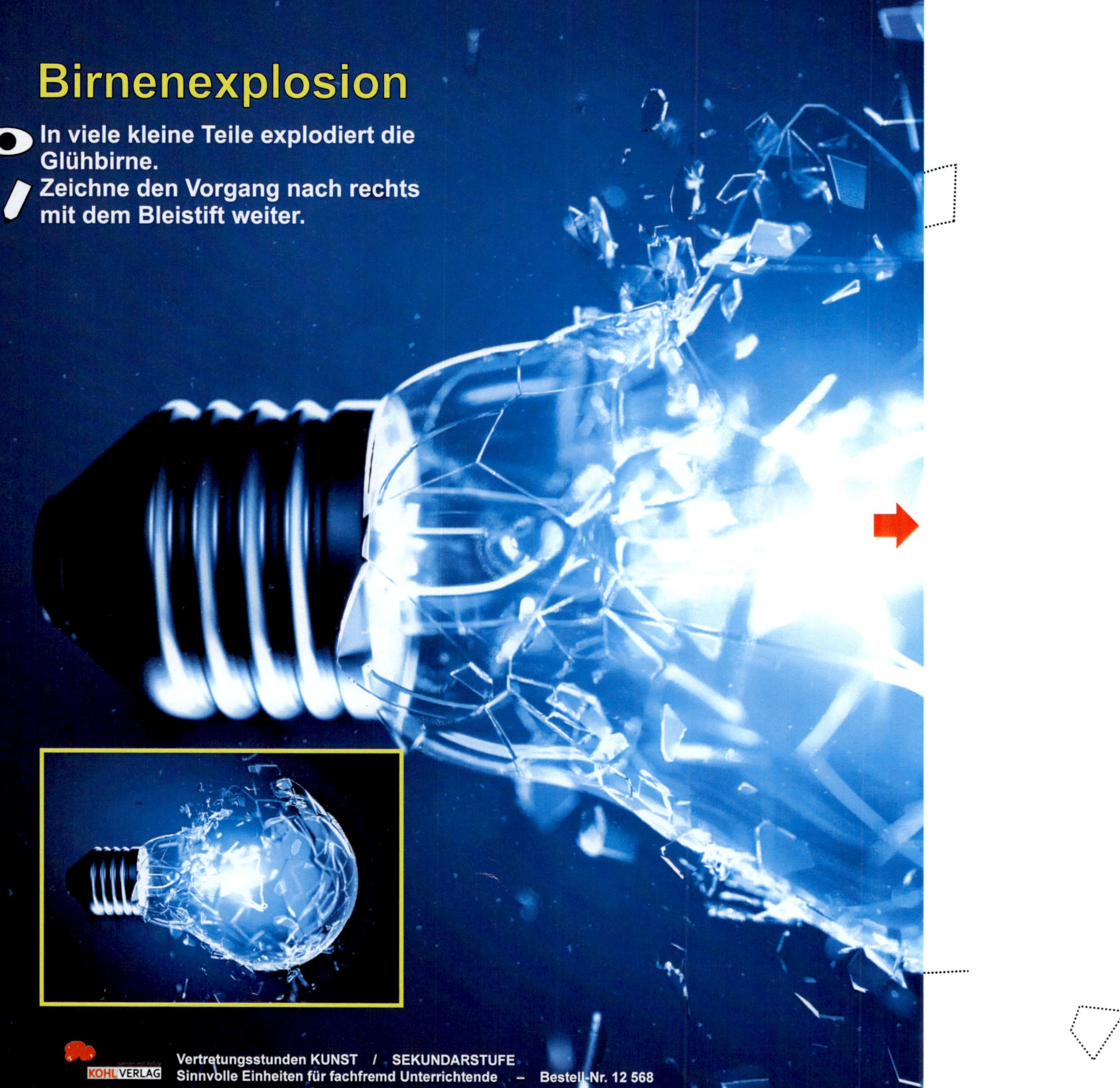

Smartphone mit Perspektive

- Zeichne mit den Farbstiften einen Gegenstand auf die Benutzeroberfläche des Smartphones 1.
- Stelle ihn perspektivisch richtig auf der Fläche des Smartphones 2 dar.

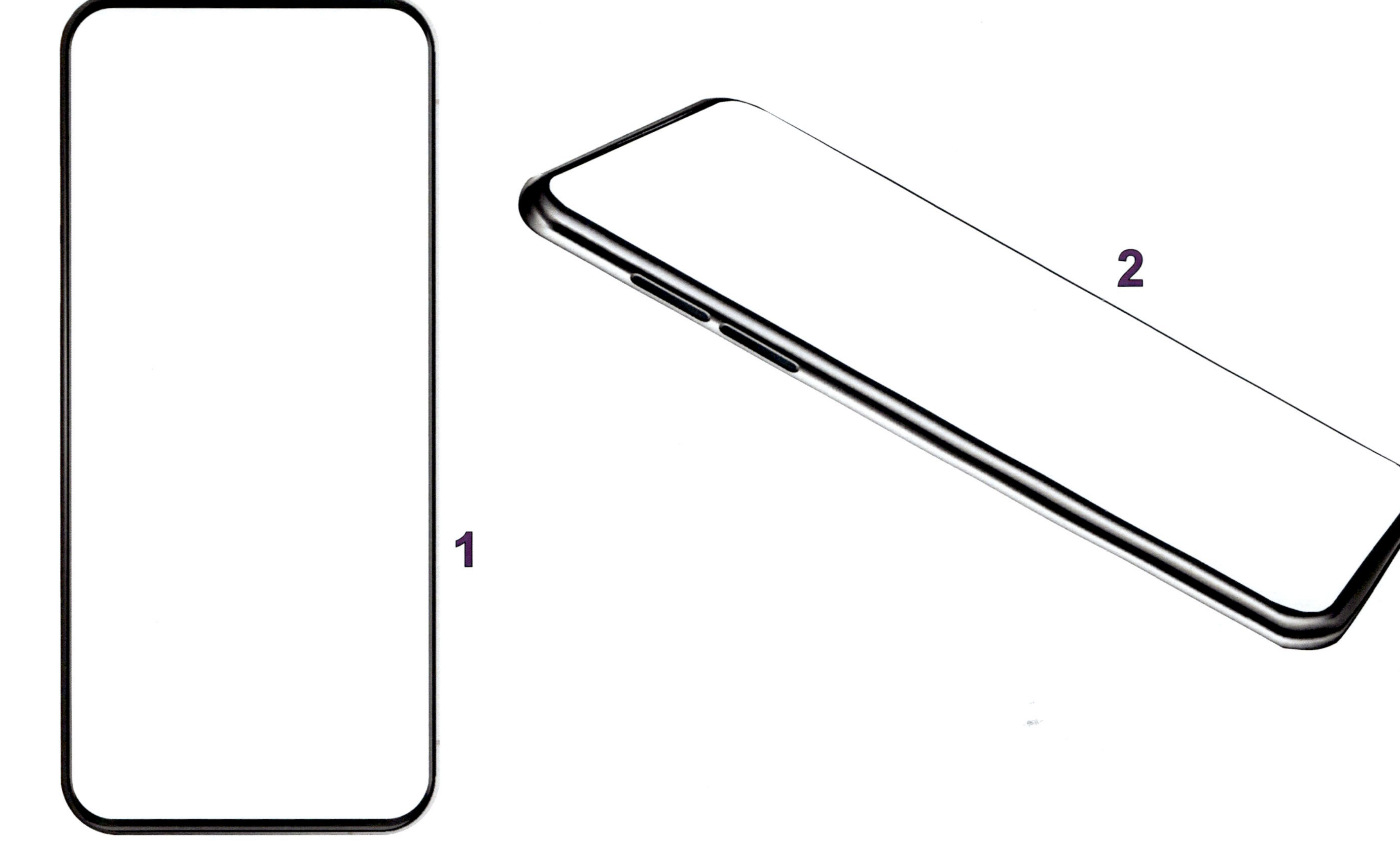

Super **Pfauen**-T-Shirt

Das Muster findest du im Federkleid eines Pfaues.
Designe das Shirt so weiter. Benutze einen Bleistift oder Farbstifte.

KOHL VERLAG
Vertretungsstunden KUNST / SEKUNDARSTUFE
Sinnvolle Einheiten für fachfremd Unterrichtende – Bestell-Nr. 12 568

Super Schnecken-Hoodie

Schaue dir die Form und das Muster der Schnecken genau an.
Designe das Shirt weiter. Benutze einen Bleistift und Farbstifte.

Gemüse und Obst sind gesund

- Schaue dir die Kreise im Foto genau an. Wähle einen Kreis aus.
- Zeichne das im Kreisausschnitt befindliche Gemüse und Obst mit allen Einzelheiten auf deinen Teller ab. Zeichne bis an den Tellerrand.

Vertretungsstunden KUNST / SEKUNDARSTUFE – Bestell-Nr. 12 568
Sinnvolle Einheiten für fachfremd Unterrichtende

Bildgeheimnis 1

Schaue genau hin und überlege, was das Bild darstellt.
Zeichne den Inhalt in deinem realistischen Stil mit dem Bleistift.

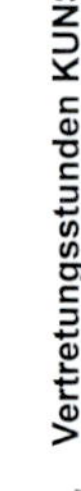

Bildgeheimnis 2

Schaue genau hin und überlege, was das Bild darstellt.
Zeichne den Inhalt in deinem realistischen Stil mit dem Bleistift.

KOHL VERLAG Lernen mit Erfolg
Vertretungsstunden KUNST / SEKUNDARSTUFE
Sinnvolle Einheiten für fachfremd Unterrichtende – Bestell-Nr. 12 568

Bildgeheimnis 3

Schaue genau hin und überlege, was das Bild darstellt.
Zeichne den Inhalt in deinem realistischen Stil mit dem Bleistift.

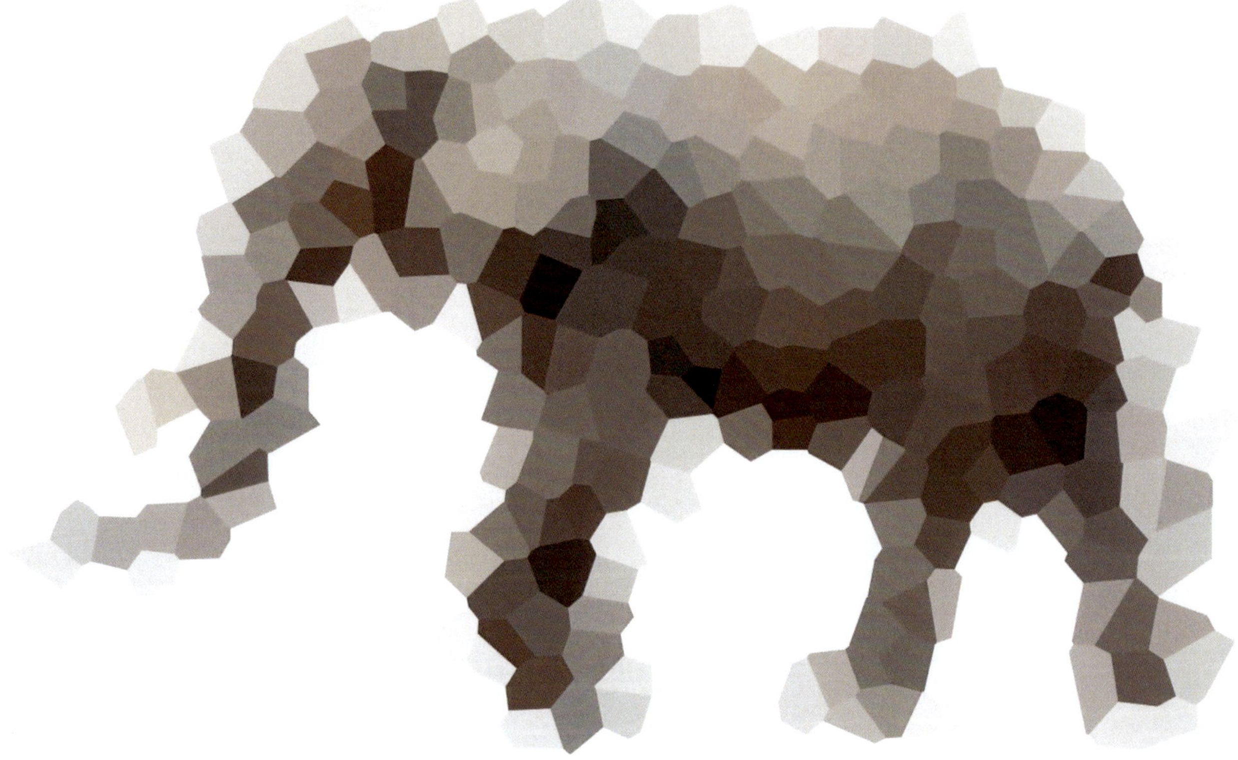

Buntstifte oben und unten

- Die Buntstifte liegen in unterschiedlichster Position und Reihenfolge.
- Wähle fünf oder mehr Stifte aus.
- Zeichne sie in der richtigen Position und Reihenfolge ab. Male sie dann in der richtigen Farbe an.

Eis schmeckt so lecker!

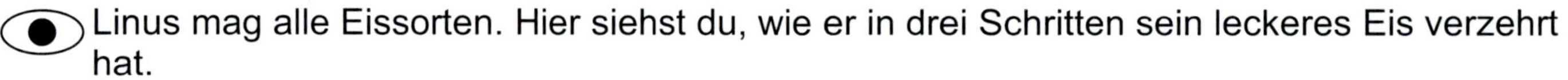

Linus mag alle Eissorten. Hier siehst du, wie er in drei Schritten sein leckeres Eis verzehrt hat.

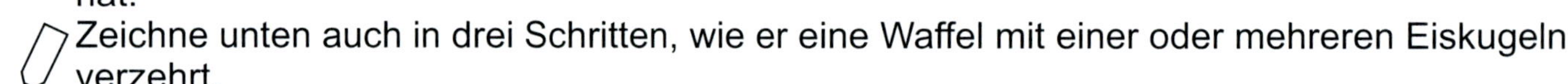

Zeichne unten auch in drei Schritten, wie er eine Waffel mit einer oder mehreren Eiskugeln verzehrt.

Statt einer Eiswaffel darfst du auch einen Eisbecher oder ein Eis am Stiel darstellen.

Vertretungsstunden KUNST / SEKUNDARSTUFE

Handzeichen 1

Ein Handzeichen kann einen Bezug zu einer Person, einem Tier, einer Pflanze, einem Gegenstand oder einer Situation nehmen und etwas mitteilen. Zum Beispiel bedeutet dieses Handzeichnen , dass etwas gut oder erlaubt ist.

Zeichne etwas zu dem folgenden Handzeichen.

Handzeichen 2

Ein Handzeichen kann einen Bezug zu einer Person, einem Tier, einer Pflanze, einem Gegenstand oder einer Situation nehmen und etwas mitteilen. Zum Beispiel bedeutet dieses Handzeichnen 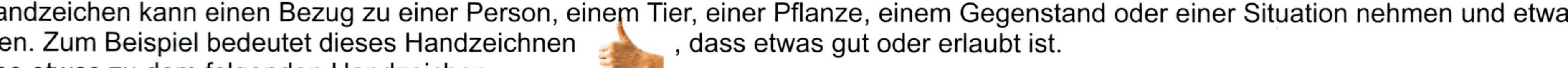 , dass etwas gut oder erlaubt ist.

Zeichne etwas zu dem folgenden Handzeichen.

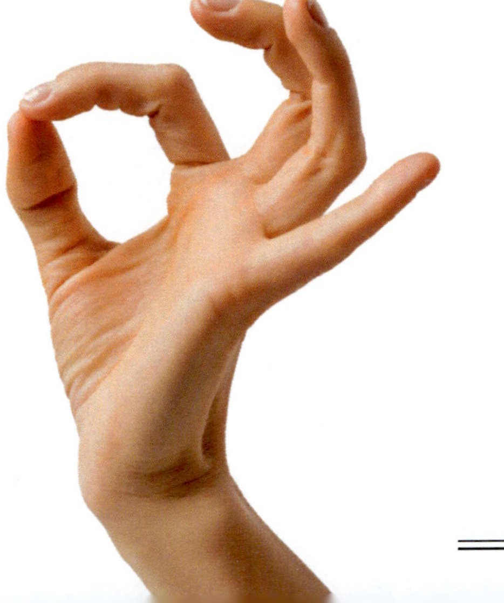

Handzeichen 3

Ein Handzeichen kann einen Bezug zu einer Person, einem Tier, einer Pflanze, einem Gegenstand oder einer Situation nehmen und etwas mitteilen. Zum Beispiel bedeutet dieses Handzeichnen , dass etwas gut oder erlaubt ist.

Wähle eines der folgenden Handzeichen aus, kreuze es an und zeichne rechts etwas dazu.

KOHL VERLAG – Lernen mit Erfolg
Vertretungsstunden KUNST / SEKUNDARSTUFE
Sinnvolle Einheiten für fachfremd Unterrichtende – Bestell-Nr. 12 568

Punktemeisterwerk

Dein Punktemeisterwerk entsteht dann, wenn du Punkte mit einem dunklen Farbstift so verbindest, dass eine oder mehrere Figuren, Tiere oder Gegenstände entstehen. Du darfst deine Inhalte auch zum Teil übereinander zeichnen.

KOHL VERLAG
Vertretungsstunden KUNST / SEKUNDARSTUFE
Sinnvolle Einheiten für fachfremd Unterrichtende – Bestell-Nr. 12 568

Volltreffer

Siehe nur! Die schöne Glasscheibe ist kaputt!
Zeichne sie mit dem Bleistift weiter.

KOHL VERLAG Vertretungsstunden KUNST / SEKUNDARSTUFE
Sinnvolle Einheiten für fachfremd Unterrichtende – Bestell-Nr. 12 568

Transparentes Linienkunstwerk

Stelle dir die Bildfläche im Rahmen transparent vor.
Zeichne den Hintergrund hinein, den sie verdeckt.

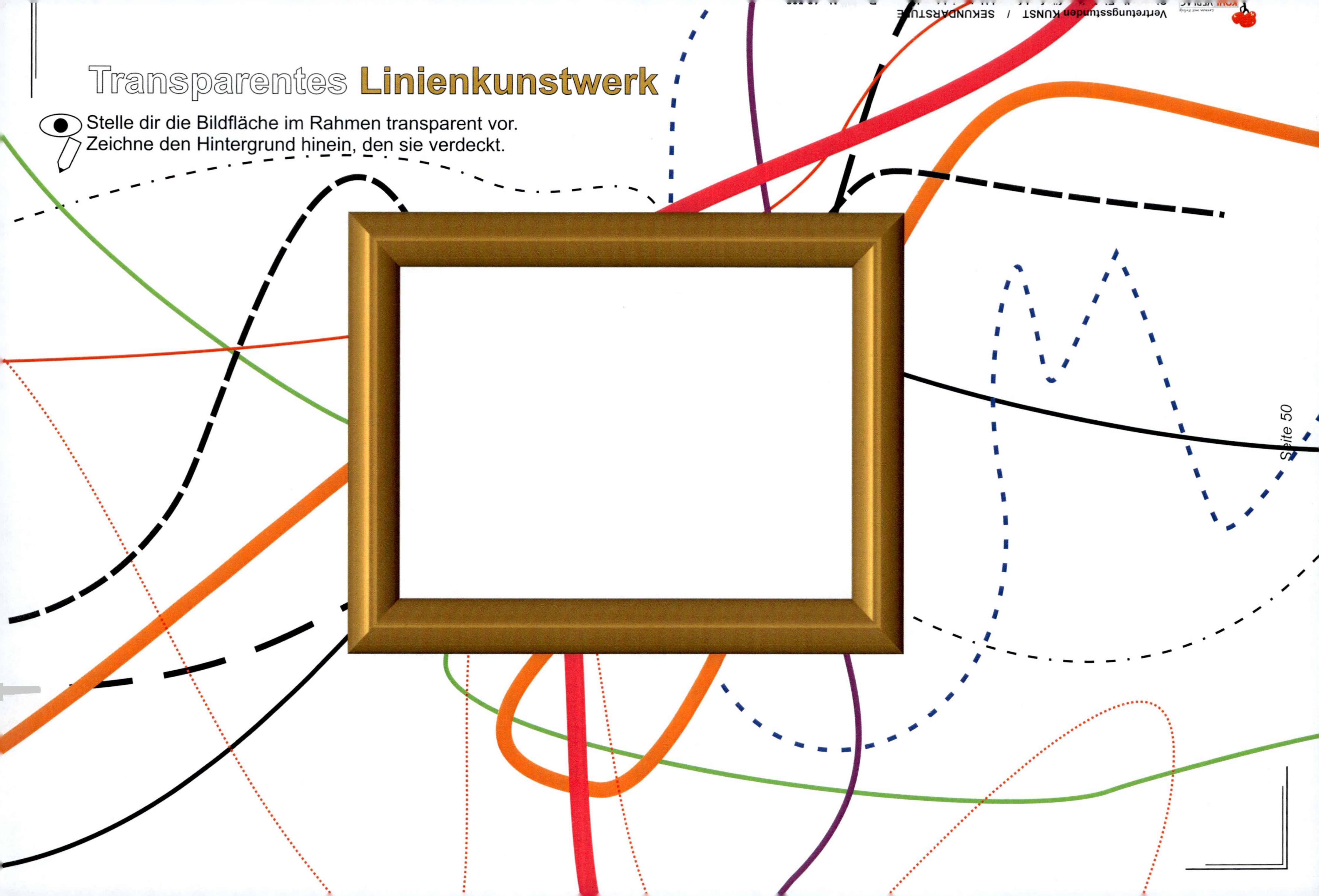

Mosaikmeisterwerk

Dein Mosaikmeisterwerk entsteht dann, wenn du die Mosaiksteine mit einem schwarzen Stift so anmalst, dass eine oder mehrere Figuren, Tiere oder Gegenstände entstehen.

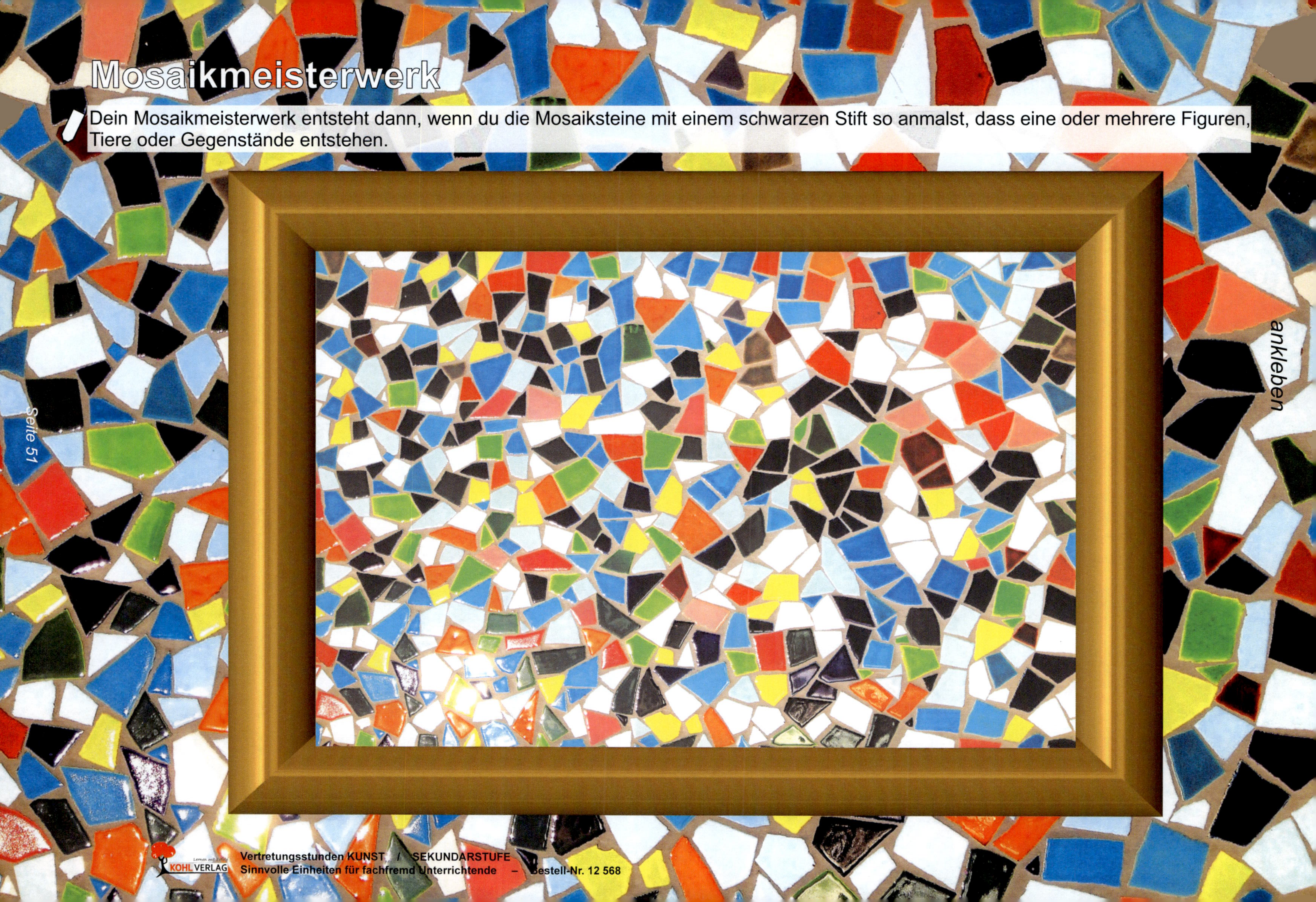

Überraschungspaket für dich

Zeichne die Umrandungen deines Paketes und seines Inhalts.

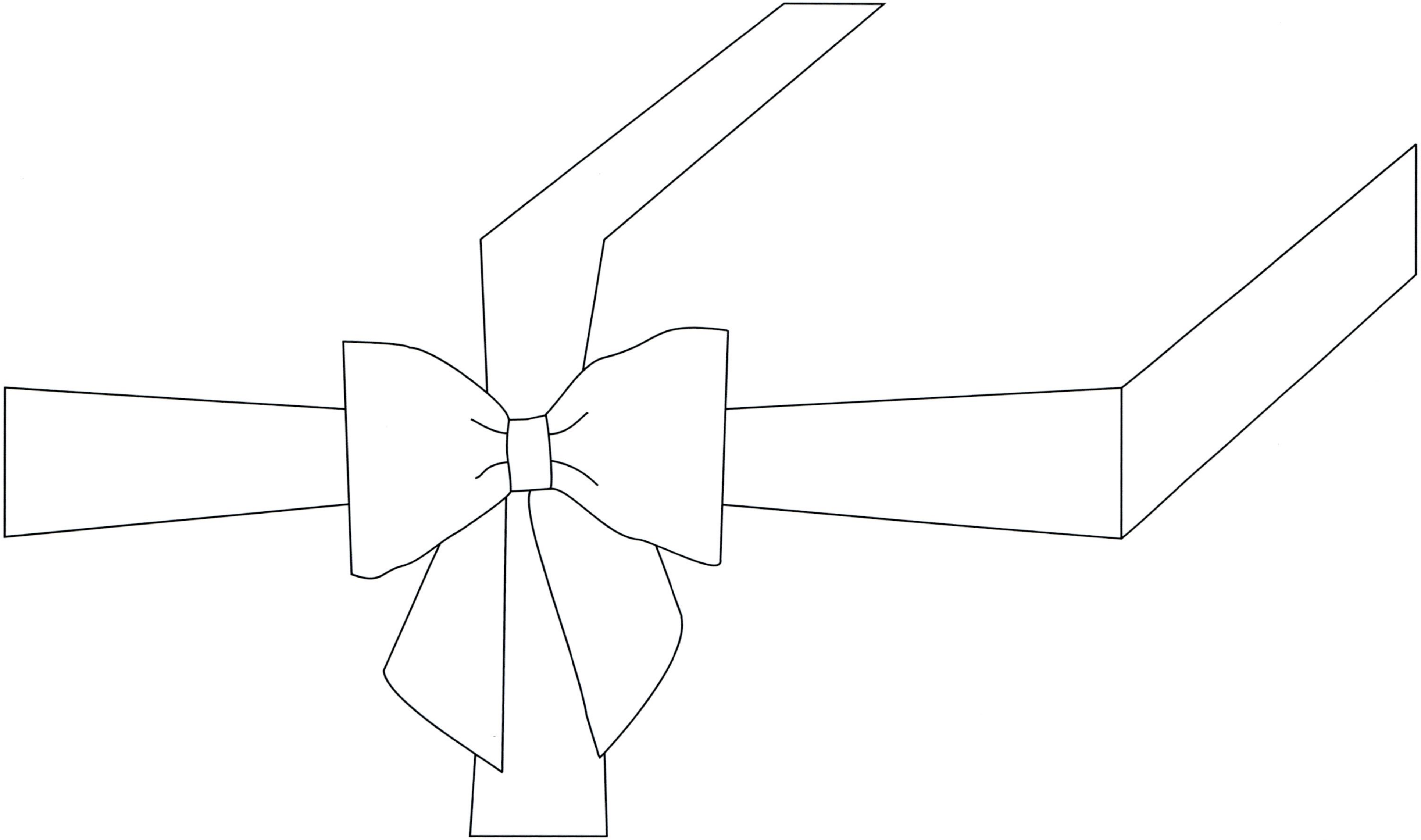

Henna

Henna ist - ähnlich wie ein Tatoo - eine Form der Körperbemalung. Dabei wird mit einem rotgelben Farbtoff gemalt, der aus den Blättern des Hennastrauches gewonnen wird.

Gestalte die Hand mit einem Muster aus Punkten und Linien. Benutze einen braunen oder schwarzen Stift.

Nail Art

Nail Art ist beliebt und ist die Gestaltung von Fingern und Fußnägeln. Die Kunst ist bereits einige tausend Jahre alt. Sei ein Nagelkünstler. Gestalte die Fingernägel mit einem Muster aus bunten Punkten und Strichen oder kleinen und großen Tupfen. Benutze die Farbstifte oder die Pinsel und Tuschfarben.

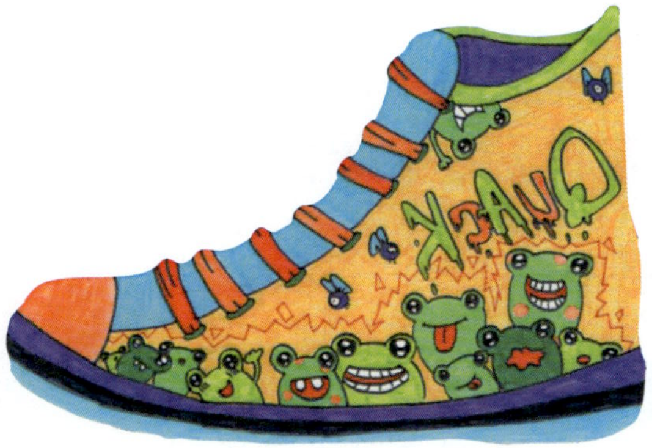

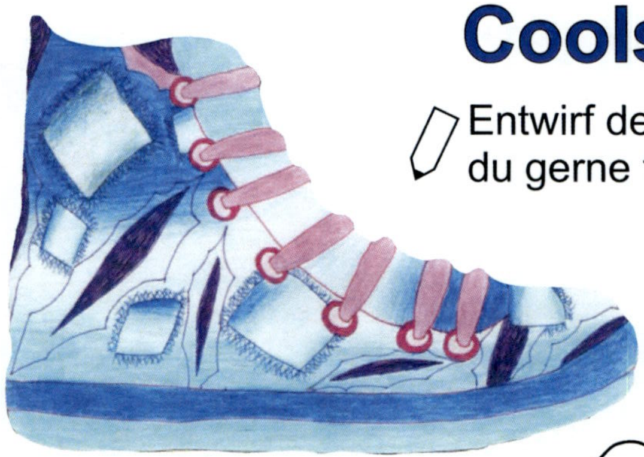

Coolster Schuh

Entwirf den coolsten Schuh, den du gerne tragen würdest.

Zeichenimpulse

- Betrachte die Zeichen in den Rahmen.
- Gestalte daraus ein einfaches beliebiges Motiv. Benutze den Bleistift oder einen dunklen Farbstift.

Bei der Bearbeitung darfst du den Inhalt auch drehen und auf den Kopf stellen.

Vertretungsstunden KUNST / SEKUNDARSTUFE

Tassengesichter

Zeichne einfache, originelle Gesichter mit einem dunklen Stift in Skizzenform auf die Tassen.

Kritzelzettel

Wenn du kritzelst, lässt du deiner Fantasie freien Lauf. Viele neue Ideen, Formen und manchmal auch ein Wohlgefühl entstehen. Lass dich dabei überraschen.

Kritzele die drei Zettel nach deiner Stimmung und Fantasie voll. Der Anfang ist gemacht. Entscheide, ob du schwarzweiß oder farbig arbeiten möchtest.

Meine wichtigsten Termine

Stelle deine wichtigsten kommenden Freizeittermine mit Schrift und Zeichnung in Skizzenform an der Pinnwand dar. Benutze den Bleistift.

Vertretungsstunden KUNST / SEK
Bestell-Nr. 12 568
KOHL VERLAG

Jogger 1

Zeichne mit Hilfe der Gitter die Umrisse der Läufer genau nach.

Vertretungsstunden KUNST / SEKUNDARSTUFE

Jogger 2

- Wähle einen der Jogger aus.
- Zeichne ihn mit Einzelheiten nach, zum Beispiel sein Gesicht und seine Kleidung.
- Das Gitter wird dir dabei helfen.

Kaputtes Bild 1

Repariere das Bild, indem du den fehlenden Inhalt in die Lücke sehr genau zeichnest und anmalst.

Kaputtes Bild 2

Repariere das Bild, indem du den fehlenden Inhalt in die Lücke sehr genau zeichnest und anmalst.

Vertretungsstunden KUNST / SEKUNDARSTUFE
Sinnvolle Einheiten für fachfremd Unterrichtende – Bestell-Nr. 12 568

Kaputtes Bild 3

Repariere das Bild, indem du den fehlenden Inhalt in die Lücke sehr genau zeichnest und anmalst.

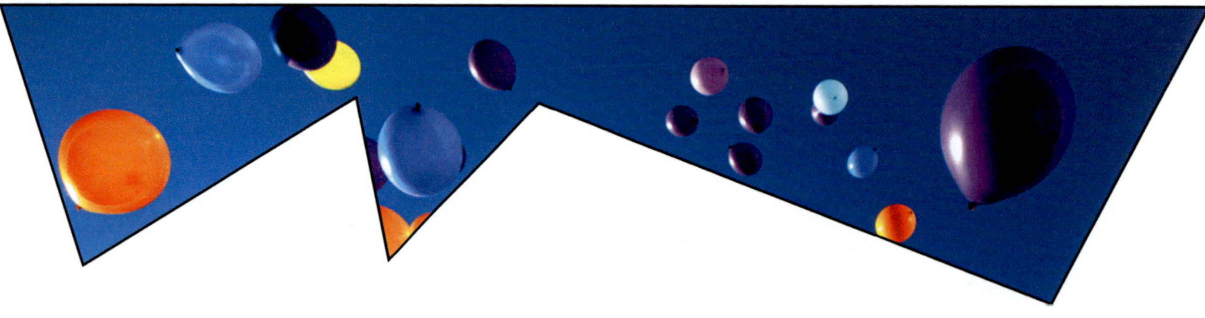

Durch das **Fenster**

Stelle dir vor, du schaust durch das Fenster mit den vielen Sprossen nach draußen. Zeichne, was du siehst, zum Beispiel eine Landschaft, Verkehr, Pflanzen, Tiere oder Menschen. Verwende einen Bleistift.

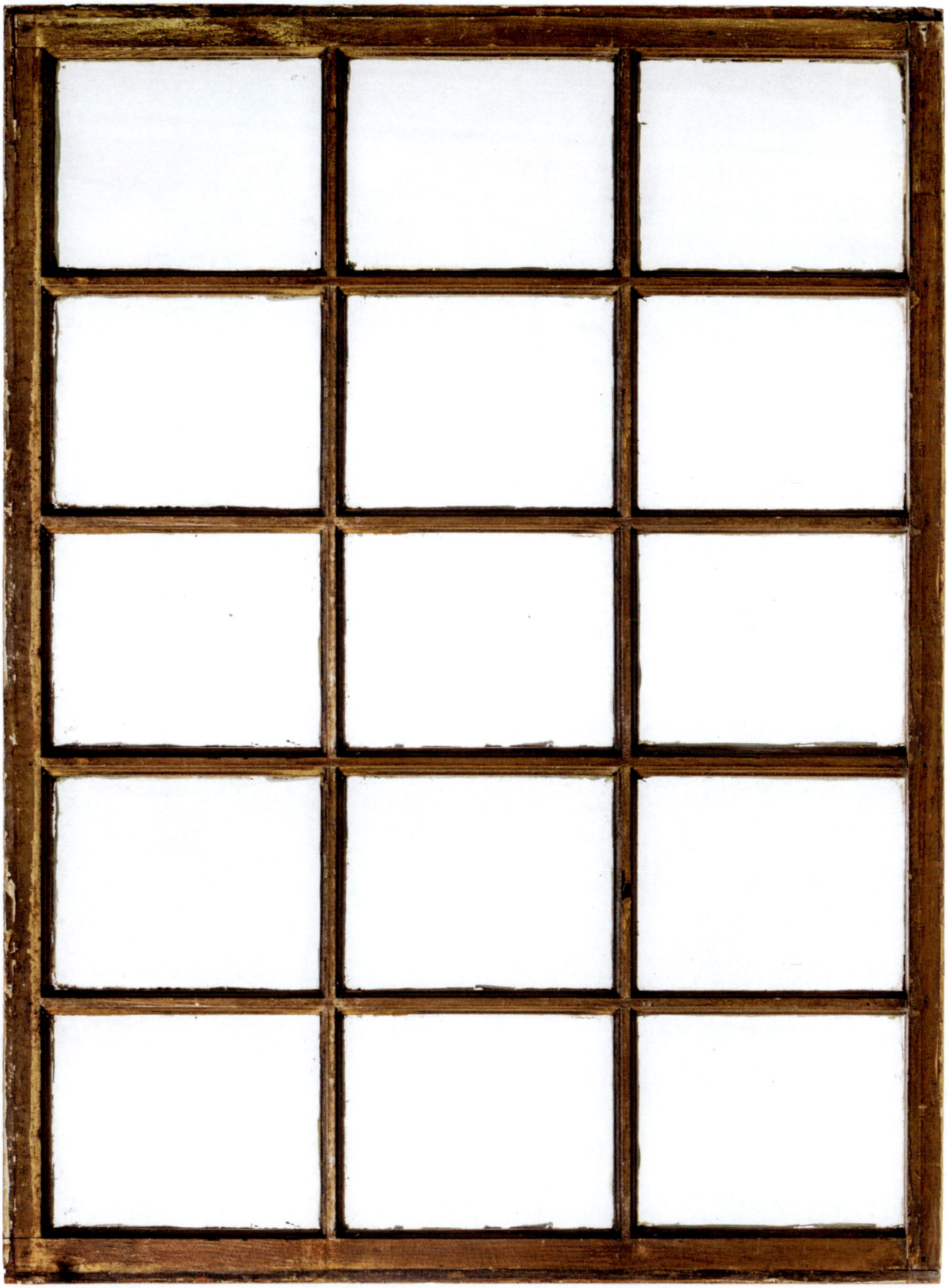

Vertretungsstunden KUNST / SEKUNDARSTUFE
Sinnvolle Einheiten für fachfremd Unterrichtende – Bestell-Nr. 12 568

Landschaftsbild

Zeichne das Foto mit der Landschaft in alle Richtungen bis an den Blattrand weiter. Benutze den Bleistift.

Lärmbild

Zu viel Lärm und zu lauter Lärm können krank machen.

- Zeichne ein farbiges Lärmbild.
- Dabei darfst du einen lauten Gegenstand, ein oder mehrere Zeichen für Lärm oder etwas fantasievoll Abstraktes darstellen.

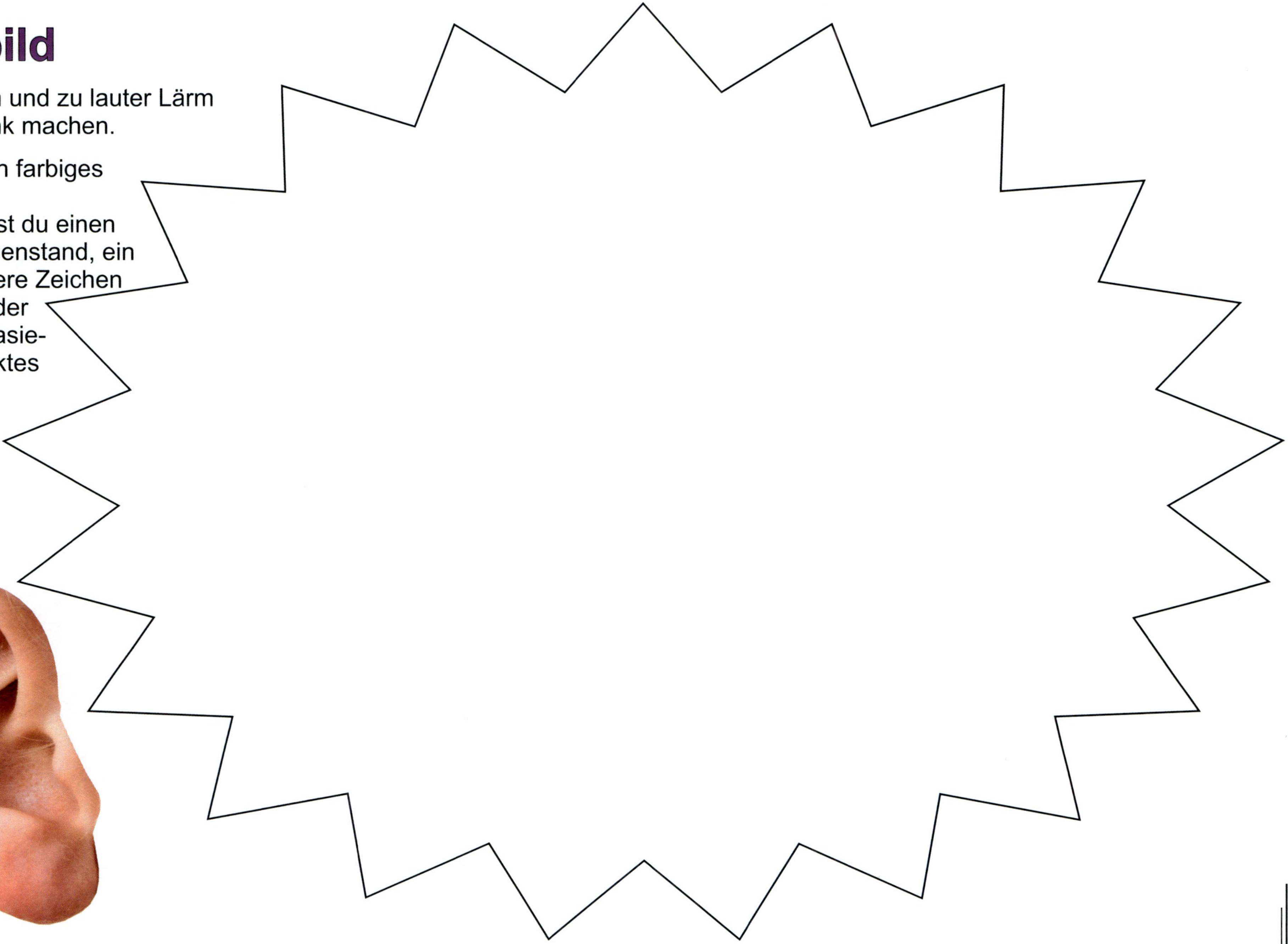

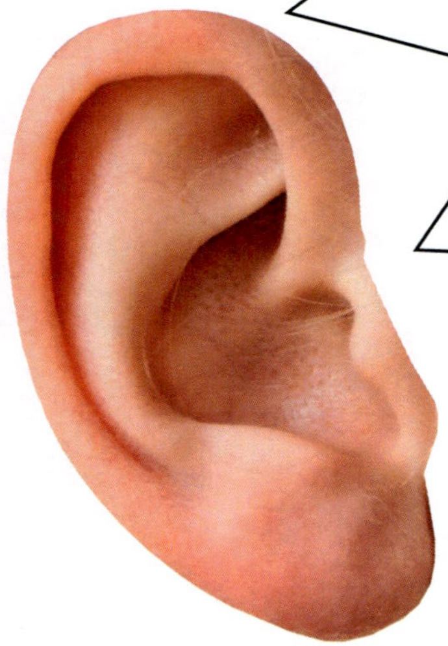

Ein Buch, das ich gerne gelesen habe

Nenne den Titel eines Buches, das du gerne gelesen hast.
Zeichne daraus eine kleine Szene.

Brillenblick

- Ein Blick durch die Brille zeigt dir, was alles zu sehen ist. Auch der verschwommene Hintergrund gibt dir die ersten Hinweise.
- Zeichne es in die Brillengläser und male es an.

KOHL VERLAG
Vertretungsstunden KUNST / SEKUNDARSTUFE
Sinnvolle Einheiten für fachfremd Unterrichtende – Bestell-Nr. 12 568

Herzenswünsche

Alle Menschen haben Herzenswünsche. Zeichne deinen kleinen Wunsch als Farbskizze in das kleine Herz und deinen großen Wunsch in das große Herz. Du darfst deine Zeichnung mit einem Wort oder Text ergänzen.